BEI GRIN MACHT SICH IHR WISSEN BEZAHLT

- Wir veröffentlichen Ihre Hausarbeit, Bachelor- und Masterarbeit

- Ihr eigenes eBook und Buch - weltweit in allen wichtigen Shops

- Verdienen Sie an jedem Verkauf

Jetzt bei www.GRIN.com hochladen und kostenlos publizieren

Bibliografische Information der Deutschen Nationalbibliothek:

Die Deutsche Bibliothek verzeichnet diese Publikation in der Deutschen National-
bibliografie; detaillierte bibliografische Daten sind im Internet über http://dnb.d-
nb.de/ abrufbar.

Dieses Werk sowie alle darin enthaltenen einzelnen Beiträge und Abbildungen
sind urheberrechtlich geschützt. Jede Verwertung, die nicht ausdrücklich vom
Urheberrechtsschutz zugelassen ist, bedarf der vorherigen Zustimmung des Verla-
ges. Das gilt insbesondere für Vervielfältigungen, Bearbeitungen, Übersetzungen,
Mikroverfilmungen, Auswertungen durch Datenbanken und für die Einspeicherung
und Verarbeitung in elektronische Systeme. Alle Rechte, auch die des auszugsweisen
Nachdrucks, der fotomechanischen Wiedergabe (einschließlich Mikrokopie) sowie
der Auswertung durch Datenbanken oder ähnliche Einrichtungen, vorbehalten.

Impressum:

Copyright © 2017 GRIN Verlag
Druck und Bindung: Books on Demand GmbH, Norderstedt Germany
ISBN: 9783668668423

Dieses Buch bei GRIN:

https://www.grin.com/document/417424

Ngoc Linh Nguyen Hong

"Liebe Eltern, ich will sterben!" Risikofaktoren der Suizidalität bei Kindern und Jugendlichen

GRIN Verlag

GRIN - Your knowledge has value

Der GRIN Verlag publiziert seit 1998 wissenschaftliche Arbeiten von Studenten, Hochschullehrern und anderen Akademikern als eBook und gedrucktes Buch. Die Verlagswebsite www.grin.com ist die ideale Plattform zur Veröffentlichung von Hausarbeiten, Abschlussarbeiten, wissenschaftlichen Aufsätzen, Dissertationen und Fachbüchern.

Besuchen Sie uns im Internet:

http://www.grin.com/

http://www.facebook.com/grincom

http://www.twitter.com/grin_com

„Liebe Eltern, ich will sterben!"

–

Risikofaktoren der Suizidalität bei Kindern und Jugendlichen

Ngoc Linh Nguyen Hong

Fachliteraturarbeit

25.08.2017

Zusammenfassung

Suizidalität ist ein Thema, das längst nicht mehr nur Erwachsene betrifft. In der westlichen Welt stellt der Suizid die dritthäufigste Todesursache bei Kindern und Jugendlichen dar. Gerade in der heutigen Zeit, in der Kinder und Jugendliche neben den generell bestehenden Gefahren zusätzlichen Belastungsfaktoren durch die neuen Medien ausgesetzt sind, ist ein frühzeitiges Erkennen destruktiver Tendenzen im Sinne einer Intervention und weiteren Präventionsmaßnahmen notwendig. In dieser Übersichtsarbeit werden bisherige Forschungsergebnisse über suizidales Verhalten bei Kindern und Jugendlichen bis einschließlich 15 Jahren zusammengefasst. Unter Einbezug verschiedener Fachliteratur soll dabei ein Überblick über die Epidemiologie, häufige Suizidmethoden und Geschlechtsunterschiede geschaffen werden. Im Schwerpunkt soll auf die allgemeinen Risikofaktoren der Suizidalität und in diesem Zusammenhang vor allem auf die Bedeutung psychosozialer und psychiatrischer Einflussfaktoren eingegangen werden. Es konnten Depression als Hauptrisikofaktor und familiäre Probleme und Einflussfaktoren als weitere wichtige Risikofaktoren der Suizidalität festgestellt werden.

Schlüsselwörter: Suizidalität, Kinder, Jugendliche, Suizid, Parasuizid, Riskofaktoren, Selbstmord

Abstract

Suicidality is a topic that no longer only touches adults. In the western world suicide is the third leading cause of death in children and adolescents. Particularly today, where children and adolescents are, beside the generally existing risks, exposed to additional loading factors caused by new media, an early cognition of destructive tendencies in terms of an intervention and further prevention measures is necessary. This paper sums up the results of previous scientific researches about suicidal behavior in children and adolescents up to the age of 15. Including various technical literature, this paper should create an overview of the epidemiology, common suicide methods and gender differences. The aim in this research topic is to investigate the general risk factors of suicidality and, in this context especially the importance of psychosocial and psychiatric influence factors is being examined. Depression as main risk factor and family problems as well as family influence factors as further important risk factors of suicidality could be determined.

Key words: suicidality, children, adolescents, suicide, parasuicide, risk factors

INHALTSVERZEICHNIS

Einleitung

„Liebe Eltern, ich will sterben." – Diese Aussage wirkt zunächst irritierend, den Gedanken, der sich dahinter verbirgt, hatte in Österreich aber schon mehr als jedes 3. Kind (Dervic, Friedrich & Sonneck, 2007). Im August 2016 erhängte sich der 13-jährige Daniel Joseph Fitzpatrick in seinem Elternhaus und hinterließ einen Brief, in dem er beschrieb, wie er von seinen Mitschülern unermüdlich gemobbt wurde. Daniel's Suizid war kein Einzelfall.

Nach der aktuellen Klassifikation im ICD-10 ist „Suizidalität" keine Diagnose, sondern ein Symptom, das Suizidgedanken, -pläne, -ankündigungen, Suizidversuche und den eigentlichen Suizid umfasst (Starostzik, 2017). Suizid beschreibt dabei den Tod durch selbst intendiertes und lebensbedrohliches Verhalten. In Abgrenzung dazu bedeutet Parasuizid die Selbstbeschädigung des Körpers mit potenzieller, aber nicht intendierter Lebensbedrohung. Suizid gilt als die dritthäufigste Todesursache von Kindern und Jugendlichen in der westlichen Welt und ist damit von hoher gesundheitspolitischer Relevanz (Becker, 2004). Suizidalität betrifft jedoch nicht nur den Suizidenten selbst, sondern auch dessen Eltern, Geschwister, Freunde und Pädagogen.

Der folgende Beitrag beschäftigt sich mit den für das Kindes- und Jugendalter spezifischen Aspekten der Suizidalität. Eine differenzierte Betrachtung im Vergleich zum Erwachsenenalter scheint angebracht, da sich die Epidemiologie der Suizidalität im Kindes- und Jugendalter ebenso deutlich von den Ergebnissen im Erwachsenenalter unterscheidet wie auch jugendspezifische Risikofaktoren für suizidales Verhalten existieren. Generell sind Suizide bei Kindern und Jugendlichen im Vergleich zum Erwachsenenalter eher selten, Parasuizide bzw. Suizidversuche werden jedoch häufiger beobachtet (Plener, Groschwitz & Kapusta, 2017). Man geht in diesem Zusammenhang davon aus, dass Kinder meist noch kein Verständnis für die Endlichkeit des Lebens besitzen und mit dem Suizid eher den Wunsch haben, woanders zu sein, ihren Problemen zu entfliehen (Schnell, 2005). Suizidversuche sind immer Hinweise für intrapsychische Belastungen, wie Scham, Ängste oder Schuldgefühle und oftmals auch Ausdruck einer Ausweglosigkeit aufgrund von Gewalt und anderer sozialer Schwierigkeiten. Um suizidale Tendenzen bei Kindern und Jugendlichen rechtzeitig zu erkennen und Maßnahmen zur Veränderung einleiten zu können, ist es wichtig, Risiken und Anzeichen einer suizidalen Entwicklung zu verstehen.

Diese Arbeit soll im Rahmen einer umfassenden Literaturübersicht einen Überblick über den Stand der aktuellen Forschung zum Thema „Suizidalität im Kindes- und Jugendalter" geben. Hierbei wird zunächst auf die Epidemiologie der Suizidalität im Kindes- und Jugendalter eingegangen und anschließend soll die Literatur über unterschiedliche Suizidmethoden und Genderunterschiede, vor allem im deutschsprachigen Raum, betrachtet werden. Schwerpunkt der Arbeit soll im Anschluss daran eine Betrachtung der Risikofaktoren für die Suizidalität bei Kindern und Jugendlichen sein. Es soll dabei vor allem auf die externalen, also die psychosozialen und umfeldbedingten Faktoren fokussiert werden.

Methode

Die verwendete Methodik als Basis der Arbeit ist die Literaturrecherche. Ein grober Überblick wurde durch eine vorausgehende Suche zum Thema „Suizidalität" in der Suchfunktion „u:search" der Universitätsbibliothek der Universität Wien geschaffen, um eine weitere Themeneingrenzung zu ermöglichen. Die allgemeine Suche erlaubte eine Begriffsdefinition der zur Suizidalität gehörenden Begriffe „Suizidgedanken", „Suizidversuch", „Parasuizid" und „Suizid". Durch die spezifischere Suche zum Thema „Suizid im Kindesalter" konnten Eingrenzungen vorgenommen werden. Generell gibt es zu diesem Thema viel Forschung, vor allem im europäischen und amerikanischen Raum, weshalb sich diese Arbeit auch hauptsächlich auf die Arbeiten in diesen Kulturen stützt. Aufgrund von mangelnder Literatur und niedriger Auftretenswahrscheinlichkeit von Suiziden von unter 10-jährigen Kindern wurde der Fokus auf Kinder und Jugendliche bis zu einem Alter von einschließlich 15 Jahren gelegt. Da diese Arbeit einen generellen Überblick über das Thema verschaffen soll, werden die Geschlechtsunterschiede zwischen Jungen und Mädchen in Bezug auf Suizidmethoden, -häufigkeit und Ursache nur grob zusammengefasst. Viele Studien beschränken sich weiters auf die Prävention bzw. den Umgang mit suizidgefährdeten Kindern oder auf Coping-Strategien der Eltern, Freunde und Verwandten eines durch Selbstmord verstorbenen Kindes. Diese Studien wurden jedoch ausgeschlossen, da der Fokus in dieser Arbeit auf den Risikofaktoren der Kindessuizidalität liegen soll. Besonderes Augenmerk erhalten hierbei die externalen Risikofaktoren.

Nach der Eingrenzung auf die Risikofaktoren der Suizidalität bei Kindern und Jugendlichen bis zu 15 Jahren, wurde anschließend gezielt in den Datenbanken Psyndex und PsycInfo nach Literatur gesucht. Die Schlagwörter, die hierzu verwendet wurden waren „Suizidalität", „Suizid", „Kinder", „Jugendliche", „Risikofaktoren", „Parasuizid" und „Selbstmord". Diese wurden unterschiedlich miteinander kombiniert und zusätzlich wurde noch auf den Bereich „Childhood" von bis zu 12-Jährigen und „Adolescence" von 13-17-Jährigen beschränkt. Einige Artikel fanden sich auch über die Suchmaschine Google Scholar unter der Eingabe der oben genannten Schlagwörter. Eine weitere Quelle der Literaturgewinnung stellten die Literaturverzeichnisse der bereits gefundenen Literatur dar, die ebenfalls relevante Studien beinhalteten. Zudem lieferten drei weitere Artikel des Kurses „Suizidalität im Kindes- und Jugendalter" der Medizinischen Universität Wien wichtige Daten zur Kindessuizidalität, vor allem im deutschsprachigen Raum.

Ergebnisse

Der Ergebnisteil dieser Arbeit nennt zuerst einige epidemiologische Daten und statistische Kennzahlen der Suizidalität im Kindes- und Jugendalter. Anschließend werden die verwendeten Suizidmethoden und Geschlechtsunterschiede beschrieben bevor auf die Risikofaktoren des Suizids mit besonderem Fokus auf die externalen, also psychosozialen und umfeldbezogenen, Faktoren eingegangen wird.

Epidemiologie der Suizidalität

Das Phänomen Suizid ist vor der Pubertät weltweit äußerst selten. Ein Grund dafür ist, dass die Hauptrisikofaktoren Depression und Substanzmissbrauch in diesem Alter untypisch sind (Shaffer et al., 1996). Einen weiteren Grund, weshalb es kaum Daten zu Suiziden von unter 10-jährigen Kindern gibt, nennen Freud (1917) und Cuddey-Casey und Orvaschel (1997). Ihnen zufolge hängen die kaum vorhandenen Suizide in diesem Alter damit zusammen, dass Kinder die kognitive Reife, um das Konzept des Todes hinsichtlich seiner Unvermeidbarkeit, Universalität und Endgültigkeit bzw. Irreversibilität zu verstehen, erst ab einem Alter von etwa 9 Jahren erreichen. Tod bedeutet für kleinere Kinder meist ein „nicht-da-sein, woanders-sein" (Schnell, 2005) und erst mit Eintritt der Pubertät haben Kinder eine realistische Vorstellung über den Tod und sind in der Lage bewusst erfahrene Konflikte mit der Möglichkeit des Suizids in Verbindung zu bringen. Suizidäußerungen, Suizidversuche und Suizide werden in der Jugendzeit schließlich mit zunehmendem Alter jedoch deutlich häufiger (Wolf, 2010).

Allgemein stellt Suizid bei Kindern und Jugendlichen bis 15 Jahren in der westlichen Welt die dritthäufigste Todesursache dar und ist damit von hoher gesundheitspolitischer Relevanz (Becker, 2004; Plener et al., 2017). In Deutschland gab es im Jahre 2002 insgesamt 11.163 Suizide, was einer Rate von 14,5/100.000 Einwohnern entspricht. Von diesen gemeldeten Suiziden war keine Person unter 10 Jahre und 24 Personen zwischen 10 und 15

Jahren ("Zur Häufigkeit von Suizidhandlungen", k.A.). In einer anderen Studie von Plener et al. (2017) wurden für das Jahr 2014 insgesamt 28 Suizide in Deutschland für 10-15-Jährige erfasst. Als Vergleich dazu wurden im selben Jahr in der Altersklasse der 50-60-Jährigen 2000 Suizide registriert.

Jahr	Geschlecht	Altersgruppen	
		5 - 10	10 - 15
2010	männlich	1	21
	weiblich	0	6
	insgesamt	1	27
2011	männlich	0	12
	weiblich	0	9
	insgesamt	0	21
2012	männlich	0	11
	weiblich	0	9
	insgesamt	0	20
2013	männlich	0	6
	weiblich	0	12
	insgesamt	0	18
2014	männlich	0	20
	weiblich	0	8
	insgesamt	0	28
2015	männlich	0	7
	weiblich	0	13
	insgesamt	0	20

Tabelle 1

Sterbefälle durch Selbstmord und Selbstbeschädigung in Deutschland, nach Jahr und Altersgruppe geordnet ("Zur Häufigkeit von Suizidhandlungen", k.A.)

Tabelle 1 zeigt in diesem Zusammenhang nochmal alle Sterbefälle durch Suizid und Selbstbeschädigung in Deutschland von 2010 bis 2015. Dabei wird ersichtlich, dass Suizide in der Altersgruppe von 5-10 Jahren äußerst selten sind und in diesen Jahren nur ein einziges Mal auftreten. Bei Kindern und Jugendlichen zwischen 10 und 15 Jahren bewegt sich die Suizidrate zwischen 18 Fällen im Jahr 2013 und 28 im Jahr 2014.

Nach der Studie von Dervic, Friedrich, Oquendo et al. (2006) lagen die Suizidraten von 10- bis 14-Jährigen im Jahr 2006 zwischen 0,1/100.000 Einwohnern in England und Wales und 1,6/100.000 Einwohnern in Ungarn. In Österreich betrug die Suizidrate 0,4/100.000 für Jungen, während im selben Jahr kein Suizid unter Mädchen registriert wurde (Statistik Austria, 2006). Dabei hat Wien eine Suizidrate von 1,4/100.000 für Kinder bis 14 Jahre (Laido et al., 2017). Dervic et al. (2007) erfassten Suizide unter österreichischen Kindern und jungen Jugendlichen im Alter bis inklusive 14 Jahren während einer 32-jährigen Zeitspanne (1970-2001). 275 Suizide wurden dabei gezählt, was im Durchschnitt 8,59 Suiziden pro Jahr entspricht. In dieser Studie wurden 7 Suizide von Kindern jünger als 10 Jahre erfasst, darunter 5 Jungen und 2 Mädchen.

Obwohl im Vergleich zum Erwachsenenalter sehr wenige Suizide im Kindes- und Jugendalter begangen werden, können Suizidgedanken, -äußerungen und Suizidversuche bereits häufig in der Kindheit und Adoleszenz beobachtet und berichtet werden (Wolf, 2010; Plener et al., 2017). Vor allem mit Beginn der Adoleszenz treten Suizidgedanken besonders oft auf, da sie zur phasentypischen Auseinandersetzung mit den Entwicklungsanforderungen der Pubertät gehören (Schnell, 2005). So berichteten Dervic, Friedrich, Prosquill et al. (2006) von einer Lebenszeitprävalenz von 37,9% für Suizidgedanken unter österreichischen Jugendlichen. Diese waren signifikant häufiger bei Mädchen (48,5%) als bei Jungen (29,1%). In der Studie von Plener et al. (2017) werden Suizidgedanken von etwa 33% der Jugendlichen in Deutschland beschrieben. Die Lebenszeitprävalenz von Suizidversuchen unter Jugendlichen liegt nach Bridge, Goldstein und Brent (2006) bei 1,3% bis 3,8% für Jungen und 1,5% bis 10,1% für Mädchen.

Suizidmethoden und Genderunterschiede

Table 1
Suicide methods in Austrian minors, total and by sex, 2001–2014

Suicide method	Boys [%] (474)	Girls (134)	Total (608)
Hanging	38.8 (184)	33.6 (45)	37.7 (229)
Jumping or lying/moving object	21.7 (103)	25.4 (34)	22.5 (137)
Jumping from a height	13.9 (66)	23.1 (31)	15.9 (97)
Shooting	13.1 (62)	2.2 (3)	10.7 (65)
Poisoning	2.9 (14)	9.7 (13)	4.4 (27)
Drowning	4.2 (20)	2.2 (3)	3.8 (23)
Other	3.6 (17)	2.2 (3)	3.3 (20)
Domestic and other gas	1.3 (6)	1.5 (2)	1.3 (8)
Cutting	0.4 (2)	0.0 (0)	0.3 (2)

Tabelle 2

Suizidmethoden bei österreichischen Minderjährigen nach Geschlecht, 2001-2014 (Laido et al., 2016)

Laido et al. (2016) untersuchten in ihrer Studie unter anderem die Suizidmethoden österreichischer Minderjähriger im Zeitraum von 2001 bis 2014. Wie aus der obenstehenden Tabelle zu entnehmen ist, war die beliebteste Suizidmethode bei beiden Geschlechtern das Erhängen in 37,7% der Fälle. Dieses Ergebnis wurde auch in den Studien von Schnell (2005) und Dervic et al. (2007) bestätigt.

Anhand der Tabelle kann man ebenfalls erkennen, dass Suizide häufiger bei Jungen vorkommen. Während sich in der Zeit von 2001 bis 2014 insgesamt 474 österreichische Jungen das Leben nahmen, waren es nur 134 Mädchen, was einem Verhältnis von ungefähr 2,5-3:1 entspricht. Auch die Studie von Bridge et al. (2006) zeigt, dass Suizide im Kindes- und Jugendalter in allen Ländern, in denen Suizide systematisch registriert und an die World Health Organisation (WHO) geleitet werden häufiger unter Jungen als unter Mädchen, mit der Ausnahme von China, sind. Suizidversuche werden hingegen öfter von Mädchen begangen (Volkamer, 2000).

Ein zusätzlicher geschlechtsspezifischer Unterschied zeigt sich in der Wahl der weiteren Suizidmethoden. Jungen wählen häufiger „harte" Methoden wie Erschießen, Mädchen im Gegensatz dazu eher „weichere" Methoden wie Tablettenintoxikation. Wichtig in diesem Zusammenhang sind die vorherrschenden Geschlechtsstereotypien, die durch Suizidvorbilder, wie zum Beispiel Kurt Cobain, der sich erschossen hat, entstehen (Volkamer, 2000). Die Methoden von Kindern und Jugendlichen ähneln auch häufig den vorherrschenden Methoden unter Erwachsenen im selben Land oder denen, die durch Medien bekannt wurden (Dervic, Friedrich, Oquendo, et al., 2006). In der Tabelle 2 von Laido et al. (2016) zeigen sich für die „harte" Methode des Erschießens Prozentsätze von 13,1% für Jungen und nur 2,2% für Mädchen, Vergiftungen entsprachen 9,7% der Suizidvorfälle bei Mädchen und lediglich 2,9% der Jungen. Suizidmethoden unterscheiden sich zudem meist international und werden auch durch kulturelle Faktoren und die Verfügbarkeit und Erreichbarkeit der Suizidmittel beeinflusst (Kapusta, Etzersdorfer, Krall & Sonneck, 2007).

Auch Suizidgedanken treten häufiger bei Mädchen als bei Jungen auf (Gould, Shaffer & Greenberg, 2003). Gründe dafür könnten auf der Seite die Tatsache sein, dass bei Mädchen eine höhere Depressionsprävalenz vorherrscht und auf der anderen Seite, da Mädchen häufiger Suizidmethoden mit einem geringeren letalen Potenzial wählen als Jungen (Dervic, Friedrich, Oquendo, et al., 2006).

Risikofaktoren der Suizidalität

Unter Risikofaktoren werden in dieser Arbeit die internen Vulnerabilitätsfaktoren im Sinne einer Verletzlichkeit des Kindes bzw. Jugendlichen für Suizidalität, und die externen Risikofaktoren aus der Umwelt, die auch als Stressoren bezeichnet werden können, zusammengefasst ("Das Risiko- und Schutzfaktorenkonzept", k.A.).

In einem Artikel des deutschen Arztes Dr. med. Wolf (2010), der der Beratung und Begleitung von suizidalen Kindern, Jugendlichen und ihren Eltern dienen soll, werden einige grundlegende Anlässe im Sinne von Risikofaktoren für Suizidalität genannt. Die nachfolgende Aufzählung gibt einen Überblick über diese:

1. Schulisches Versagen
2. Zugehörigkeit zu einer Randgruppe (Ausländer, Homosexuelle, etc.)
3. Umzüge, Schulwechsel, Verlust von Gewohntem
4. Mobbing
5. Traumatische Erlebnisse: Todesfälle, Unfälle, Gewalterfahrungen (Misshandlung, Missbrauch), schwerste Vernachlässigung
6. Psychiatrische Erkrankungen
7. Suizidversuche und vollzogene Suizide im Umfeld der Kinder und Jugendlichen

8. Mediendarstellungen von Suiziden, die ein großes Risiko zur Nachahmung

   beinhalten (siehe Werther-Effekt)

Dervic et al. (2007) fassen in ihrer Übersichtsarbeit bisherige Forschungsergebnisse über suizidales Verhalten bei österreichischen Kindern und Jugendlichen zusammen. Dabei untersuchen sie auch die Risikofaktoren des Phänomens und unterteilen diese grundsätzlich in psychiatrische, psychosoziale und umfeldbezogene Faktoren, zu denen auch die oben genannten Faktoren von Wolf (2010) eingeteilt werden können. Nachfolgend wird die Unterteilung von Dervic et al. (2007) übernommen und beibehalten. Die psychiatrischen Risikofaktoren werden um die genetische Komponente ergänzt.

Psychiatrische und genetische Risikofaktoren.

Studien von Brent et al. (1996) und Voracek und Sonneck (2007) belegen eine familiäre Häufung suizidalen Verhaltens, dessen Übertragung zum Großteil mit der Vererbung der Psychopathologie innerhalb der Familie zusammenhängt. Dies bestätigt sich auch durch die Meta-Analyse von Voracek und Loibl (2017), die alle zwillingsregisterbasierten Studien zusammenfasst und in der gezeigt wird, dass die Messungen für Suizidalität bei eineiigen Zwillingen häufiger übereinstimmen als bei zweieiigen Zwillingen. Genetische Faktoren nehmen demnach eine wichtige Rolle für den Phänotyp suizidalen Verhaltens ein, zu dem Suizidgedanken, Suizidpläne sowie Suizidversuche gehören.

Psychiatrische Erkrankungen können als wichtigste Risikofaktoren der Suizidalität bei Kindern und Jugendlichen gesehen werden. Die Raten eines Suizids und Parasuizids durch eine psychische Erkrankung, die hierbei beschrieben werden belaufen sich auf über 90% (Plener et al., 2017). Im Vergleich zu Erwachsenen kommen psychische Störungen bei Kindern und Jugendlichen in etwa gleich häufig vor. Die häufigste Störung bei Kindern bis zu 13 Jahren ist hierbei die Angststörung mit einer durchschnittlichen Prävalenz von 7%, gefolgt von dissozialen Störungen mit 6,5% und 1,5% für depressive Störungen (Ihle & Esser, 2002), die auch den Hauptrisikofaktor für Suizid im Kindes- und Jugendalter darstellen. In einer Studie von Shaffer et al. (1996) wurden bei über 60% der jungen Suizidopfer nach dem Tod die Diagnose einer Depression gestellt. In der Übersichtsarbeit von Baving (2004) wird jedoch auch davon berichtet, dass das Vorliegen einer posttraumatischen Belastungs- oder schizophrenen Störung überzufällig mit suizidalem bzw. parasuizidalem Verhalten assoziiert ist.

Auch das Geschlecht der Kinder und Jugendlichen spielt eine entscheidende Rolle bei der Vulnerabilität psychischer Störungen. Ihle et al. (2002) fanden in ihrer Arbeit über die Epidemiologie psychischer Störungen bei Kindern bis 13 Jahren durchgehend höhere

Gesamtprävalenzen psychischer Störungen bei Jungen. Nach dem 13. Lebensjahr wurde eine Angleichung der Raten auf beide Geschlechter festgestellt. Der Risikofaktor Depression wurde im Schulalter auch häufiger bei Jungen diagnostiziert und erst ab dem späten Jugendalter betrifft dieser doppelt so häufig Mädchen. Wichtig in diesem Zusammenhang ist auch die Tatsache, dass im Kindes- und Jugendalter oft von einer Komorbidität psychischer Erkrankungen auszugehen ist. So konnte in der gleichen Arbeit gezeigt werden, dass die Komorbidität von Angststörungen als häufigste Störung in dieser Altersspanne, und Depressionen fast 40% beträgt.

Plener et al. (2017) beschäftigen sich in ihrer Übersichtsarbeit mit Risikofaktoren der Suizidalität und den notwendigen Interventionsmöglichkeiten. Als weiteren bedeutenden Risikofaktor wird hierbei nicht suizidales selbstverletzendes Verhalten (NSSV) genannt. Nicht suizidal bedeutet in diesem Kontext, dass eine sich wiederholende Schädigung am Körper ohne suizidale Absicht vorgenommen wird. Oftmals tritt dieses Verhalten vor der Entwicklung von suizidalen Gedanken, Suizidversuchen und letzten Endes Suiziden auf.

Psychosoziale Risikofaktoren.

Neben den psychiatrischen Erkrankungen als größter Risikofaktor für Suizidalität im Kindes- und Jugendalter nehmen familiäre Probleme und Einflussfaktoren eine ebenso wichtige Rolle ein. So kann die Suizidalität des Kindes meistens auch als Störung im familiären System gesehen werden und der Suizidversuch als letzte Möglichkeit, um die anderen auf das eigene Leiden aufmerksam zu machen. Nach Wolf (2010) und Schnell (2005) fördern beispielsweise Misshandlungen und sexueller Missbrauch die Entwicklung von destruktiven, suizidalen Tendenzen, die den Aufbau eines stabilen Selbstbewusstseins beim Kind unmöglich machen. Kinder und Jugendliche, die diesen Handlungen zum Opfer fallen fühlen sich laut Wolf (2010) häufig selbst verantwortlich für diese und schämen sich dafür. Auch Wut auf die Täter bzw. Gefühle der Ausweglosigkeit und Neid auf andere, die es besser haben treten mit auf.

Neben den aktiven Handlungen, tragen auch eine gestörte Eltern-Kind-Kommunikation sowie mangelnde emotionale Wärme, die sich durch Vernachlässigung zeigt, zu einem erhöhten Suizidrisiko bei (Baving, 2004). Die psychischen Misshandlungen, die sich oftmals durch versteckte Abwertungen seitens der Eltern zeigen, führen ebenfalls zu einer destruktiven Dynamik (Schnell, 2005).

Einen weiteren familiären Risikofaktor stellen psychische Störungen als auch Drogen- bzw. Alkoholmissbrauch der Eltern dar (Wolf, 2010). Diese haben als Folge negative Auswirkungen auf das Funktionsniveau der Familie und zeigen sich oftmals anhand eines geringen Maßes an elterlicher Fürsorge und elterlichem Monitoring (Baving, 2004). Neben diesen Auswirkungen bedeutet die psychische Erkrankung eines Elternteils oder beider Eltern auch oftmals ein Vorbild einer pessimistischen Lebenshaltung laut Wolf (2010). So beschreibt er, dass der Suizid in einer Familie als Konfliktlösungsmuster angesehen wird, wenn ein depressives bzw. suizidales Familienmitglied immer wieder mit Suizid droht oder gar Suizid begangen hat und somit Suizidalität ein allgegenwärtiges Thema innerhalb der Familie ist.

Auch eine durch Trennung bzw. Scheidung der Eltern veränderte Familienstruktur oder so genannte Patch-Work-Familienstrukturen können nach Baving (2004) Risikofaktoren für die Suizidalität von Kindern und Jugendlichen darstellen. Nissen (1989) beschreibt so, dass die Absicht eines Suizids auch die Vermeidung eines drohenden Verlustes sein könnte und Kinder damit hoffen, beispielsweise die Scheidung ihrer Eltern zu verhindern.

Wie in Abbildung 1 dargestellt wird, hängen die eben erklärten familiären Einflussfaktoren, wie die psychische Störung eines Elternteiles, Vernachlässigung und Missbrauch des Kindes und/oder die Suizidalität eines Elternteils, in einem komplexen System zusammen und können unter Einwirkung anderer Stressoren auf das Kind zu einer psychischen Störung und letzten Endes auch zum Suizidversuch führen (Plener et al., 2017).

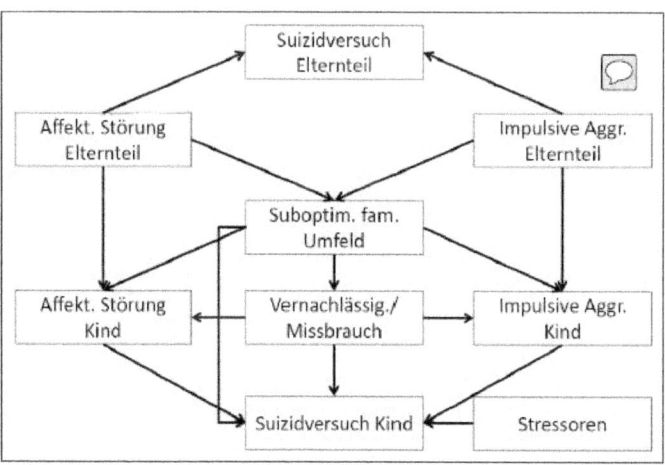

Abbildung 1

Familiäre Einflussfaktoren auf suizidales Vehalten beim Kind (Plener et al., 2017)

Neben den familiären Einflussfaktoren ist ein weiterer relevanter psychosozialer Risikofaktor das Aufwachsen unter ungünstigen sozioökonomischen Bedingungen, unter anderem ein niedriger sozioökonomischer Status (Fergusson, Woodward & Horwood, 2000).

Unter Einbezug der Tatsache, dass in unserer heutigen Gesellschaft neue Medien eine sehr große Rolle spielen, ist auch Mobbing ein immer wichtiger werdendes Problem. Mobbing ist als weiterer belastender Risikofaktor unter Kindern und vor allem Jugendlichen zu nennen. Dies kann in physischer und psychischer Form durch Mitschüler erfolgen, aber auch durch so genanntes Cyber-Mobbing. Der Begriff Cyber-Mobbing bezeichnet dabei das absichtliche und über einen längeren Zeitraum anhaltende Beleidigen, Bedrohen, Bloßstellen, Belästigen oder Ausgrenzen anderer über digitale Medien ("Cyber-Mobbing", k.A.). Besonders ist daran, dass diese Form von Mobbing permanent erfolgen kann und die Täter anonym bleiben können. So war das auch für den in der Einleitung genannten Jungen Daniel Joseph Fitzpatrick der Hauptfaktoren für seinen Suizid. Interessant in diesem Zusammenhang scheint aber ebenfalls der Fakt, dass nach Holt et al. (2015) nicht nur die Opfer der Mobbinghandlungen höhere Suizidversuchsraten aufweisen, sondern auch die Täter.

Auch schulisches Versagen (Wolf, 2002) stellt einen Risikofaktor für die Suizidalität dar. Kinder, die unter starken Versagensängsten leiden und enormen psychischen Druck empfinden, sind nicht dazu in der Lage, ein intaktes Selbstbewusstsein aufzubauen.

Umfeldbezogene Risikofaktoren.

Neben den psychiatrischen und psychosozialen Risikofaktoren sind auch umfeldbezogene Faktoren in der Betrachtung der Suizidalität bei Kindern und Jugendlichen wichtig. In diesem Zusammenhang stellt die Exposition des Suizids in der sozialen Umgebung einen bedeutenden Faktor für die Nachahmung dar und kann auch zu inadäquaten Einstellungen zum Thema Suizid führen (Gould & Kramer, 2001, zitiert nach Dervic et al., 2007). Oftmals sind diese Einstellungen durch die Gesellschaft und die Medien geprägt und werden von Kindern und Jugendlichen übernommen. Im Rahmen der Studie von Dervic, Friedrich, Prosquill et al. (2006) wurden einige inadäquate Einstellungen zum Suizid unter Wiener Schülern erfasst. So glaubte fast jeder 2. Schüler, dass Menschen, die ihren eigenen Suizid ankündigen, es nicht tun würden. Des Weiteren brachten lediglich ¼ der befragten Jugendlichen den Suizid mit einer psychischen Störung in Verbindung und fast 20% empfanden Suizid als mögliche Lösung der Probleme.

Ein weiterer wesentlicher Risikofaktor wird von (Swientek, 1989, zitiert nach Volkamer, 2010) genannt. Demnach folgt in 25% der Fälle einem vergangenen Suizidversuch innerhalb der nächsten 2 Jahre ein weiterer Versuch.

Die Risikofaktoren der Suizidalität im Kindes- und Jugendalter sind vielfältig. Bei der Betrachtung der Suizidgefährdung sollte man jedoch nicht nur von einem Faktor ausgehen, sondern sich vergegenwärtigen, dass die Suizidalität durch ein komplexes Zusammenspiel psychiatrischer, genetischer, psychosozialer und umfeldbezogenen entsteht.

Diskussion und Zusammenfassung

Zusammenfassend kann gesagt werden, dass die bestehende Forschungsliteratur zu einem großen Teil aus dem angloamerikanischen und europäischen Raum stammt. Dazu lässt sich sagen, dass das Phänomen der Suizidalität besonders in der westlichen Welt ein relevantes Thema ist. In den letzten Jahren wurden jedoch auch immer mehr Studien im asiatischen Raum durchgeführt, sowie interkulturelle Vergleichsstudien, die sich vor allem auf die Risikofaktoren, aber auch auf Präventions- und Interventionsmaßnahmen beziehen.

Um die Frage nach den Risikofaktoren der Suizidalität im Kindes- und Jugendalter zu beantworten, lässt sich sagen, dass als großes Risiko schlechte Familienverhältnisse und eine destruktive Eltern-Kind-Kommunikation angesehen werden kann. In der untersuchten Literatur werden mangelhafte intrafamiliäre Verhältnisse, Missbrauch und Misshandlungen beständig als wichtige Risikofaktoren genannt. Auch das Vorliegen einer psychischen Störung korreliert stark mit dem Risiko des Selbstmordes, was auch von zahlreichen Studien repliziert und bestätigt wurde. Im Rahmen dieser Arbeit wird ersichtlich, dass einige psychosozialen Faktoren, wie beispielsweise Mobbing und auch umfeldbezogene Faktoren hinsichtlich einer Imitation von Suizidhandlungen in der heutigen Gesellschaft an Bedeutung gewinnen und mehr Aufmerksamkeit im Zuge einer erfolgreichen Prävention erhalten sollten.

Die hohe Prävalenz von Suizidgedanken und Suizidversuchen im Kindes- und Jugendalter zeigt die Wichtigkeit dieser Thematik. Die Erforschung der Suizidalität und ihrer Epidemiologie zeigt jedoch auch einige Limitationen. Eine Erfassung aller Suizidhandlungen ist sehr schwierig, da nur ein Teil von diesen, z.B. diese, die im Krankenhaus behandelt werden müssen, bekannt wird. Viele Suizidversuche werden oft nur privaten Beratungsstellen oder Hausärzten mitgeteilt oder bleiben völlig ungezählt (Wolf, 2010). Demnach ist mit einer hohen Dunkelziffer zu rechnen. Schnell (2005) stellt fest, dass mit einer Abnahme der Suizidzahlen in einem Land gleichzeitig mit einer Zunahme der „unklaren Todesursachen" zu rechnen ist. Vor allem bei Kindern und Jugendlichen ist eine Erfassung von Suiziden und Suizidversuchen schwer, da sehr viele unbekannt bleiben. Suizidalität im Kindes- und Jugendalter ist mit einem negativen sozialen Stigma belastet, sodass Eltern suizidierter Kinder den Suizid aus Angst davor von der Gesellschaft als „schlechte Eltern" abgestempelt zu werden oftmals verleugnen. Weiters sind destruktive Handlungen bei Kindern meistens nicht so offensichtlich wie bei Erwachsenen. Suizidwünsche und –versuche können sich demnach auch hinter einer erhöhten Unfallneigung durch scheinbar unachtsames Verhalten verbergen, was eine Messung erschwert.

Kinder und Jugendliche, die einen Suizidversuch begangen haben, sind vor allem in den darauffolgenden Stunden hinsichtlich ihres suizidalen Verhaltens am besten zu untersuchen und sprechen in dieser Zeit am meisten für Interventionsmaßnahmen an, weswegen das schnellstmögliche Involvieren eines Psychiaters oder Psychotherapeuten notwendig ist (Becker, 2004). Auch Erwachsenen, die mit Kindern zu tun haben, kommt eine große Verantwortung zu, wenn ihnen gegenüber Suizidgedanken geäußert werden. Die Suizidalität bei Kindern und Jugendlichen zu erkennen, hängt zwar auch vom Mitteilungsbedürfnis des Betroffenen, aber ebenso vom Gespür des Erwachsenen ab. Das Thema „Selbstmord" sollte nicht tabuisiert werden und die Probleme des Kindes bzw. Jugendlichen sollten von den Eltern ernstgenommen werden, auch wenn schlechte Noten oder eine unerwiderte Liebe für Erwachsene keine existenziellen Probleme darstellen. Entsprechende Aufklärung über mögliche Risikofaktoren und Warnzeichen sollte aus diesem Grund stattfinden.

Die Medien, wie die Presse oder das Internet, nehmen ebenfalls eine bedeutsame Rolle im Hinblick auf die Verbreitung von Informationen über Suizidalität und Berichterstattungen über Suizide und Parasuizide ein. Die Darstellung suizidalen Verhaltens berühmter Persönlichkeiten kann vor allem für Kinder und Jugendliche ansteckend wirken und aus diesem Grund sind bestimmte Richtlinien notwendig, um das Risiko einer Imitation zu minimieren. Außerdem ist die Schaffung eines umfangreichen Wissens über die Risiken und Gefahren des Internets für suizidale Kinder und Jugendliche ist zusätzlich notwendig. (Becker, 2004; Becker et al., 2004)

Unter Einbezug dieser eben genannten Punkte sollte Suizidprävention im 21. Jahrhundert gestaltet werden. Bei bestehendem Verdacht auf Suizidalität sollte deshalb eine Exploration stattfinden. Des Weiteren sollten edukative Maßnahmen eingesetzt werden, um ein erhöhtes Bewusstsein und Wissen über die möglichen Risikofaktoren für Suizid und die anzusprechenden Institutionen zu schaffen und so dem Suizid bei Kindern und Jugendlichen gegenzusteuern. Der Früherkennung der Warnzeichen der Suizidalität sowie der Früherkennung und Behandlung der Depression bei Kindern und Jugendlichen als Hauptrisikofaktor für den Suizid in dieser Altersgruppe sollte mehr Aufmerksamkeit gewidmet werden. Aus diesem Grund wäre ein Training für Kinderärzte diesbezüglich wünschenswert. Medien nehmen zusätzlich eine wichtige Rolle in der Psychoedukation ein und könnten so zu einer Änderung der inadäquaten Einstellungen zum Suizid beitragen. Der

Prävention suizidaler Handlungen im Kindes- und Jugendalter kommt eine wesentliche Rolle zu.

Forschungsfragestellung und Forschungsskizze

Nachdem sich diese Arbeit stark mit den potenziellen Risikofaktoren der Suizidalität für Kinder und Jugendliche beschäftigt und Depressionen und familiäre Schwierigkeiten als Hauptrisikofaktoren festgestellt hat, soll im Folgenden eine Forschungsskizze beschrieben werden, welche den Risikofaktor der mangelhaften Eltern-Kind-Interaktion näher betrachtet. Dabei soll vor allem auf die Sicht der Kinder als potenzielle „Opfer" eines Suizids fokussiert werden.

In der vorhandenen Literatur wurde bereits ein erhöhtes Risiko für Kinder mit psychisch kranken Eltern beschrieben und nachgewiesen. Die Forschungsfrage soll in diesem Zusammenhang beobachtbares auffälliges Verhalten von Kindern mit psychisch kranken Eltern ermitteln und den Ausprägungsgrad möglicher suizidaler Tendenzen. Somit beschäftigt sich die Untersuchung mit den Auswirkungen der psychischen Erkrankung eines Elternteils auf die Interaktion mit dem Kind hinsichtlich destruktiver Tendenzen und Verhaltensauffälligkeiten bei diesem.

Durch qualitative Interviews mit behandelnden Psychotherapeuten sollen Informationen, die durch Beobachtung erhoben wurden, eingeholt werden. Anhand einer Längsschnittstudie ist es möglich, einen Erziehungsberechtigten der Kinder mithilfe der Child Behavior Checklist CBCL/4-18 bis zu einem Alter von 15 Jahren zu befragen. Diese Checklist beinhaltet Items wie „spricht davon, sich umzubringen" und wird von der Hauptbezugsperson aller zwei Jahre ausgefüllt. Weiters sollten zusätzlich Interviews mit Bezugspersonen im privaten und sozialen Kontext (z.B. Pädagogen) zur Erfassung kindlicher Verhaltensauffälligkeiten durchgeführt werden. Anhand der Parental Monitoring Scale PMS kann das elterliche Erziehungsverhalten beurteilt werden. „Elterliches Engagement" und „Verhaltenskontrolle" des autoritativen Erziehungsstils sind zum Beispiel Items der Skala. Die Stichprobe besteht aus insgesamt 20 Kindern, welche zufällig ausgewählt wurden. Um eine bestmögliche Objektivität zu gewährleisten wird jedes Kind von jeweils zwei unterschiedlichen Personen mithilfe des CBCL/4-18 beurteilt und das endgültige Ergebnis schließlich aus den beiden Beurteilungen gemittelt.

Literaturverzeichnis

Baving, L. (2004). Parasuizide bei Kindern und Jugendlichen. *Kindheit und Entwicklung, 13* (1), 5–13. doi:10.1026/0942-5403.13.1.5

Becker, K. (2004). Suizidalität in Kindheit und Jugend – Einführung in den Themenschwerpunkt. *Kindheit und Entwicklung, 13* (1), 1–4. doi:10.1026/0942-5403.13.1.1

Bridge, J. A., Goldstein, T. R., & Brent, D. A. (2006). Adolescent suicide and suicidal behavior. *Journal of Child Psychology and Psychiatry, 47* (3-4), 372–94. doi:10.1111/j.1469-7610.2006.01615.x

Cuddy-Casey, M., & Orvaschel, H. (1997). Children's understanding of death in relation to child suicidality and homicidality. *Clinical Psychological Review, 17,* 33–45. doi:10.1016/S0272-7358(96)00044-X

Dervic, K., Friedrich, E., Oquendo, M. A., Voracek, M., Friedrich, M. H., & Sonneck, G. (2006). Suicide in Austrian children and young adolescents aged 14 and younger. *Eur Child Adolesc Psychiatry, 15,* 427–434. doi:10.1007/s00787-006-0551-6

Dervic, K., Friedrich, E., Prosquill, D., Kapusta, N. D., Lenz, G., Sonneck, G., & Friedrich, M. H. (2006). Suicide among Viennese minors, 1946–2002. *Wiener Klinische Wochenschrift, 118,* 152–159. doi:10.1007/s00508-006-0567-4

Dervic, K., Friedrich, M. H., & Sonneck, G. (2007). Suizidales Verhalten bei österreichischen Kindern und Jugendlichen. *Psychiatrie & Psychotherapie, 3* (4), 133–139. doi:10.1007/s11326-007-0068-8

Fergusson, D. M., Woodward, L. J. & Horwood, L. J. (2000). Risk factors and life processes associated with the onset of suicidal behaviour during adolescence and early adulthood. Psychological Medicine, 30, 23-29. Verfügbar unter https://www.ncbi.nlm.nih.gov/pubmed /10722173

Freud, S. (1917). *Trauer und Melancholie.* Gesammelte Werke, Band X. London: Imago.

Gould, M. S., Shaffer, D., & Greenberg, T. (2003). The epidemiology of youth suicide. In R. A. King & A. Apter (Eds.), *Suicide in children and adolescents (*pp. 1–40). Cambridge: University Press.

Holt, M. K., Vivolo-Kantor, A. M., Polanin, J. R., Holland, K. M., DeGue, S., Matjasko, J. L., Wolfe, M., & Reid, G. (2015). Bullying and suicidal ideation and behaviors: A metaanalysis. *Pediatrics, 135,* 496–509. doi:10.1542/peds.2014-1864

Ihle, W., & Esser, G. (2002). Epidemiologie psychischer Störungen im Kindes- und Jugendalter: Prävalenz, Verlauf, Komorbidität und Geschlechtsunterschiede. *Psychologische Rundschau, 53* (4), 159–169. doi:10.1026//0033-3042.53.4.159

Kapusta, N. D., Etzersdorfer, E., Krall, C., & Sonneck, G. (2007). Firearm legislation reform in the European Union: Impact on firearm availability, firearm suicide and homicide rates in Austria. *British Journal of Psychiatry, 191*, 253–257. doi:10.1192/bjp.bp.106.032862

Laido, Z., Voracek, M., Till, B., Pietschnig, J., Eisenwort, B., Dervic, K., Sonneck, G., & Niederkrotenthaler, T. (2017). Epidemiology of suicide among children and adolescents in Austria, 2001–2014. *Wiener klinische Wochenzeitschrift, 129*, 121–128. doi:10.1007/s00508-016-1092-8

Nissen, G. (1989). *Kinder- und Jugendpsychiatrie.* Berlin, Heidelberg, New York: Springer.

Oam, G. M. (2014). On child suicide. *Advances in Mental Health, 12* (2), 88–92. doi:10.1080/18374905.2014.11081886

Plener, P. L., Groschwitz, R. C., & Kapusta, N. D. (2017). Suizidalität im Kindes- und Jugendalter. *Nervenheilkunde, 36*, 227–232. Verfügbar unter http://www.schattauer.de/ magazine/uebersicht/zeitschriften-a-z/nervenheilkunde/inhalt/archiv/issue/2467/issue/special/manuscript/27359/show.html

Schnell, M. (2005). Suizidale Krisen im Kindes- und Jugendalter. *Praxis der Kinderpsychologie und Kinderpsychiatrie, 54* (6), 457–472. Verfügbar unter http://psydok.psycharchives.de/jspui/bitstream/20.500.11780/2822/1/54.20056_3_45758.p df_new.pdf

Shaffer, D., Gould, M., Fisher, P., Trautman, P., Moreau, D., Kleinman, M., & Flory, M., (1996). Psychiatric diagnosis in child and adolescent suicide. *Arch Gen Psychiatry, 53*, 339–348. doi:10.1001/archpsyc.1996.01830040075012

Starostzik, C. (2017). Suizidalität bei Kindern und Jugendlichen „Ich will nicht mehr leben". *Pädiatrie, 29* (1), 47–50. Verfügbar unter https://www.springermedizin.de/ich-will-nicht-mehr-leben/12074554

Tischler, C. L., Reiss, N. S., & Rhodes, A. R. (2007). Suicidal behavior in children younger than twelve: A diagnostic challenge for emergency department personnel. *Society for Academic Emergency Medicine, 14* (9), 810–818. doi:10.1197/j.aem.2007.05.014

Volkamer, C. (2000). Suizidalität bei Kindern und Jugendlichen. *Monatsschrift Kinderheilkunde, 1*, 41–44. doi:10.1007/s001120050010

Wolf, S. (2010, November). *Zur Beratung und Begleitung von suizidalen Kindern, Jugendlichen und ihren Eltern.* Vortrag gehalten auf dem 7. Hope Congress in München.

Cyber-Mobbing. (k.A.) Abgerufen am 24. August 2017, von Safe Internet: https://www.saferinternet.at/cyber-mobbing/

Zur Häufigkeit von Suizidhandlungen. (k.A.). Abgerufen am 24. August 2017, von Neuhland: http://www.neuhland.net/index.php/fachoeffentlichkeit/informationen-suizidgefaehrdung/72-daten-und-fakten

Das Risiko- und Schutzfaktorenkonzept. (k.A.). Abgerufen am 24. August 2017, von Resilienz Freiburg: http://www.resilienz-freiburg.de/index.php/was-ist-resilienz/das-risiko-und-schutzfaktorenkonzept

BEI GRIN MACHT SICH IHR
WISSEN BEZAHLT

- Wir veröffentlichen Ihre Hausarbeit,
  Bachelor- und Masterarbeit

- Ihr eigenes eBook und Buch -
  weltweit in allen wichtigen Shops

- Verdienen Sie an jedem Verkauf

Jetzt bei www.GRIN.com hochladen
und kostenlos publizieren

Lightning Source UK Ltd.
Milton Keynes UK
UKHW040930241218
334509UK00001B/72/P